AF259918

ÉTUDE

PHILOSOPHIQUE ET RAISONNÉE

DE LA DEVISE

LIBERTÉ. ÉGALITÉ. FRATERNITÉ.

1871

PARIS

Dans les Kiosques et chez les Marchands de Journaux

10 CENTIMES

Paris. — Imp. VERT Frères, rue François-Miron, 8.

ÉTUDE PHILOSOPHIQUE ET RAISONNÉE

DE LA DEVISE

Liberté. Egalité. Fraternité.

Avant-Propos

En écrivant ces lignes je n'ai pas eu l'intention de faire une œuvre complète, j'ai esquissé une idée. En les publiant j'ai voulu soumettre cette idée à l'appréciation de mes lecteurs, et étudier avec eux les moyens de fonder à tout jamais, en France, la *Liberté*, l'*Egalité* et la *Fraternité*, de manière qu'elles soient un objet d'envie pour les autres nations. Pour atteindre ce but, le concours de tous en général et de chacun en particulier est nécessaire, et c'est à ce concours patriotique que je viens faire appel.

La France, qui est une attraction pour tous les peuples du monde, renferme tant d'éléments de bien-être et de prospérité, son sol est si fertile, que l'on ne comprend pas que, au lieu de faire des révolutions successives, et sans grand résultat, sa population si active, si intelligente ne s'attache pas davantage à utiliser la source de ses richesses.

Suivons donc la maxime de notre illustre poëte satyrique, et travaillons à polir sans cesse nos institutions et à les repolir, au lieu de les renverser. Et puisque le gouvernement auquel nous avions tout donné nous a lâchement abandonnés, en nous livrant à un barbare hautain, acceptons sincèrement et sans arrière-pensée celui que la France aura choisi; dirigeons-le consciencieusement dans la bonne voie par de sages et utiles conseils, au besoin par de fermes remontrances, mais sans faire de révolution, et qu'aucun de nous ne se laisse entraîner par la passion, ni par une ambition de popularité, à lui faire cette opposition systématique qui est aussi peu patriotique qu'elle est contraire aux intérêts et à l'avenir de la France.

Le Gouvernement de la Défense Nationale qui, de lui-même, a proclamé la République, s'est empressé de faire réinscrire sur tous les monuments et édifices publics les mots *Liberté. Egalité. Fraternité*. Cette mesure me semble bien inutile, parceque les sentiments s'inspirent et ne se prescrivent pas, et que, dès lors, ce n'est pas une raison parceque ces mots seront inscrits partout pour que le Peuple Français possède les qualités nécessaires pour pratiquer dans leur acception la *Liberté*, l'*Egalité* et la *Fraternité*. Or, que cette inscription existe ou n'existe pas, c'est tout un, car elle n'est en elle-même qu'une abstraction. Si, comme il faut le croire, cette inscription est la devise du Gouvernement de la Défense Nationale, je l'accepte de grand cœur, et je vais tâcher d'expliquer comment j'en comprends l'esprit et la pratique.

La révolution de 1789 a été la conséquence du régime antérieur dont les grands d'alors avaient toujours abusé. Mais si, en dehors des crimes et des malheurs qu'elle a occasionnés, cette révolution a produit d'heureux et féconds résultats, elle a aussi profondément ébranlé la Société, au point que, après bientôt un siècle et malgré l'enseignement de l'histoire contemporaine, l'esprit révolutionnaire est toujours en France à l'état latent. C'est que, de même que l'affranchissement donné sans transition aux races esclaves leur est plus funeste qu'utile et devient un danger pour tous, de même les libertés conquises par la révolution ne profitent qu'incomplètement aux nations que des institutions préalables n'ont pas préparé à s'en servir.

La France, quoi qu'en disent ses détracteurs, est le berceau de la civilisation, et elle en sera le centre tant qu'un Français restera debout, parceque les plus nobles et les plus généreux sentiments sont empreints dans le cœur de tous ses enfants, je le dis ici sans vanité. Mais pour ne pas laisser péricliter sa supériorité, il est indispensable que le Français comprenne bien les devoirs que lui impose la *Déclaration des Droits de l'homme* et que, sous le prétexte du progrès autant que par son impatience, ses exigences politiques et ses exagérations sociales il n'en compromette pas sans cesse l'application. Le mieux est voisin du pire, dit-on, or, en toutes choses, vouloir dépasser le but est une faute qui engage toujours dans une voie périlleuse.

Depuis 55 ans j'ai vu bien des Gouvernements se succéder en France, et mon esprit naturellement observateur m'a permis sans efforts d'apprécier le caractère de chacun des événements qui se sont accomplis.

Tout en rendant hommage à tout ce qu'a fait de grand et de durable cet homme de génie qui s'appelle Napoléon 1er, je n'hésite pas à dire, en me plaçant au point de vue philosophique, que les événements de 1815 ont été le résultat de l'esprit guerroyant de ce grand organisateur, et que la France qui avait applaudi à ses victoires a fini par applaudir à sa chute, lasse qu'elle était de lui sacrifier son or et ses enfants. Aussi malgré la défaite de Waterloo, malgré l'envahissement de son sol par les puissances étrangères, la France a-t-elle accepté avec enthousiasme le retour des Bourbons.

Pendant une période de cinq ans, la France, on peut le dire par métaphore, et j'en appelle ici au souvenir de tous les hommes sincères de ce temps-là, a été comme un convalescent qui relève d'une longue maladie; elle était heureuse, et se reposait de ses longues et dures fatigues en se préparant au commerce et à l'industrie, quand le crime de Louvel est venu jeter la consternation et l'épouvante dans tous les rangs de la Société.

Malheureusement le Gouvernement de la Restauration, imbu des vieilles idées monarchiques, croyait avoir reconquis la France, et n'a pas su se faire pardonner d'avoir été ramené par les bayonnettes étrangères; et au lieu de suivre et de diriger le courant des idées sagement libérales, il a voulu remonter le fleuve, et il a péri comme périront désormais en France tous les Gouvernements qui voudront lutter contre l'esprit de la nation.

A Charles X a succédé un Prince dont l'esprit libéral n'était douteux pour personne, et qui avait toutes les qualités d'un Roi vraiment constitutionnel. Enfant de la révolution de 1789, Louis-Philippe avait vécu au milieu du peuple, il en connaissait l'esprit et les besoins, et il aimait la vie simple et honnête; ses fils étaient depuis longtemps élevés parmi les nôtres, et au concours général comme à ceux des lycées leurs compositions, selon la volonté du père de famille, étaient impartialement jugées. Plustard ils ont fait leurs preuves de bravoure et de savoir militaires dans les rangs de nos armées, et si leur avancement a été plus rapide qu'il ne l'est généralement pour nos officiers, ils n'ont pas moins passé par tous les grades en faisant dans chacun le stage réglementaire.

L'avènement de Louis-Philippe fut, on ne peut pas le nier, acclamé en France par tous les libéraux. Mais il n'en fut pas de même des Cours Étrangères qui, craignant de se voir à leur tour ébranlées, hésitèrent longtemps à reconnaître ce qu'elles appelaient le gouvernement des barricades et se tinrent, à l'exception de celle d'Espagne, constamment éloignées du Roi pour les alliances de famille. Cet éloignement et les agitations des partis dont les chefs sont toujours plus ambitieux que patriotes, ont rendu difficile et souvent entravé la marche du gouvernement de Louis-Philippe. Néanmoins ce Prince, d'un esprit sage et véritablement français, aurait fini par fonder en France un gouvernement cons itutionnel à l'instar de celui de l'Angleterre, si les révolutionnaires, par leurs conspirations permanentes, ne l'avaient pas empêché de s'entourer d'institutions plus libérales encore, et, par suite, n'avaient pas entraîné les Doctrinaires à résister à l'introduction, dans la liste électorale, de ce que l'on appelait alors les *Capacités*. Cette adjonction, aussi juste que rationnelle, eut été le premier pas du suffrage universel et, en donnant une juste satisfaction à l'opinion publique, elle aurait facilité les moyens d'arriver successivement à un système électif moins critiquable que celui d'aujourd'hui ; mais les impatients auraient-ils eu assez de patriotisme pour attendre ? C'est douteux.

La révolution de 1848 a été, on le sait, une surprise du parti de la Réforme sur celui du National qui, plus logique et avec raison, pensait que le temps n'était pas encore venu pour les républicains de prendre la direction des affaires du pays. La France, bien que essentiellement démocratique déjà, était trop habituée depuis 18 siècles au gouvernement monarchique, elle se rappelait trop les crimes de 1793 et de 1794, et les révolutionnaires l'avaient toujours trop inquiétée, pour devenir républicaine du jour au lendemain. Aussi n'a-t- elle pas pu conserver cette forme de gouvernement que lui avait imposée un groupe d'impatients. Je n'examinerai pas si celui qui lui a succédé s'est, lui aussi, imposé à la France, ou si les 8,000,000 de suffrages qui ont constitué le gouvernement impérial étaient l'expression de la volonté réfléchie de la France. Toujours est-il que l'état de confusion de l'Assemblée Nationale et de l'esprit public, et le souvenir du nom du grand Capitaine ont été un puissant levier pour élever au trône l'homme dont la honteuse capitulation de Sedan a démontré, mais trop tard, qu'il était indigne de gouverner la France. Un général peut, dans certain cas, être forcé de se rendre ; mais un Empereur qui a la prétention de commander ses soldats, doit vaincre ou se faire tuer à leur tête. Aussi la vengeance de la France à l'égard d'un pareil homme, doit-elle être de le savoir à tout jamais, lui et les siens, au ban des nations. Honte à celle qui le recevant sur son territoire le traiterait en souverain exilé, au lieu de le laisser dans l'oubli. Je désire même qu'il soit possible que nous ne lui fassions pas l'honneur d'un bannissement. S'il ose remettre le pied sur notre sol, qu'on le fusille comme un lâche !

Je crois être dans le vrai en disant que la France est essentiellement démocratique. Mais est-elle républicaine ? le souvenir des crimes de 1793 et de 1794 ne se perpétueront-ils pas d'âge en âge ? un orateur du club de Belleville, salle Favié, n'a-t-il pas dit récemment ces paroles : *L'on trouvera toujours des Marat et des Robespierre* ? tous les hommes qui, jusqu'ici, ont préconisé le retour de la République, n'ont-ils pas été pour la plupart que des déclamateurs et des ambitieux sans esprit pratique et sans science gouvernementale ? est-ce par de sourdes conspirations, des échauffourées et des coups de main, par de grandes phrases et des mots ronflants que l'on peut faire aimer en France la République ? chaque fois que ces hommes dont je parle ont proclamé la République, ne l'ont-ils pas imposée, pressentant sans doute que si, par un plébiscite, ils consultaient loyalement la France sur la forme du gouvernement qui lui convient, elle demanderait un gouvernement constitutionnel entouré d'institutions très-libérales ?

La République ne peut s'implanter en France d'une manière définitive, sachons le bien, que par de fortes racines, à savoir le dévouement patriotique, le respect de la loi et de l'autorité, unis à la pratique sage de la *Liberté*.

Cet exposé m'amène naturellement à examiner comment, selon moi, l'on doit interpréter la devise *Liberté. Egalité. Fraternité.*

Liberté

Dans le sens absolu du mot, la *Liberté* est la possibilité de faire le bien et le mal; c'est la liberté du sauvage.

Dans l'état social et de civilisation, la *Liberté* est l'exercice de la volonté subordonnée au devoir, autrement elle n'est que la licence.

Sans doute, la *Liberté* a été donnée à l'homme par le Créateur; mais non pas d'une manière absolue, puisque, contrairement à la brute, il a une intelligence qui le met au-dessus de toute la Création et, de plus, cette science du bien et du mal qui n'est autre chose que la conscience. Mais, naturellement entraîné à donner un libre cours à tous ses penchants, et le mal étant plus facile à faire que le bien, l'homme civilisé a besoin d'autres freins que sa conscience, à savoir l'éducation qui tempère ses passions, et la loi qui le protège et punit ses écarts. Et quand je dis l'éducation, ce n'est pas de l'instruction dont il s'agit et que confondent dans un même sens la plupart des gens; j'entends la culture de l'esprit et du cœur qui développe les bons instincts et réforme les mauvais, cette éducation que la femme doit et peut seule nous donner.

La mère doit nourrir elle-même son enfant, soit de son propre lait, soit par les moyens artificiels connus, lorsque, accidentellement, l'élément naturel lui fait défaut. C'est pour elle une mission impérieuse et sacrée, car c'est un droit que la nature revendique, et quand il lui est induement ravi, elle sait en punir la coupable. Que de femmes malades par suite de la suppression de leur lait, que d'enfants meurent, et combien d'autres s'élèvent chétifs et étiolés loin de leur mère entre les mains des mercenaires! Je n'ai pas à faire connaître ici les résultats effrayants du déplorable système de l'envoi en nourrice, des hommes plus autorisés que moi en ont fait le tableau; mais je déclare que la mère n'a pas la *Liberté* de se soustraire au devoir que lui impose la nature. L'alaitement maternel est un devoir social, parce que l'on doit à la Société des enfants forts et bien portants.

Par l'alaitement maternel, cette première éducation de l'homme, l'enfant reçoit des impressions dont il gardera l'empreinte toute sa vie. Car en donnant elle-même la nourriture du corps à son enfant, la mère lui donne en même temps celle de l'esprit et du cœur. Bercé sur ses genoux, elle apprend au fruit de ses entrailles à bégayer ses premiers mots; elle lui inspire ce sentiment de l'amour filial qui est un des liens de la famille et un puissant protecteur contre le mal dans tout le cours de notre vie; l'intelligence de cet être si cher se développe au contact et au sourire de sa mère, et quand le discernement apparaît, celle-ci par la prière, cette prière aussi sublime que simple, l'Oraison Dominicale, apprend à son enfant qu'il y a au-dessus de lui une volonté suprême, une puissance souveraine, un Dieu enfin, auquel jeunes et vieux, riches et pauvres, rois et plébéins sont également soumis, et auquel aussi nous devons tous croire et obéir. C'est par cet enseignement primordial que la mère fonde dans le cœur de son enfant le respect, la soumission et la foi, la foi qui, en toutes choses, est la sauvegarde de la société.

De même que la plante pour être plus belle, le fruit pour être meilleur ont besoin d'être cultivés, de même, l'éducation est indispensable à l'homme pour le réformer et le parfaire, et c'est dans la famille où il peut efficacement la recevoir.

La vie de famille a l'énorme avantage de forcer chacun de ses membres à suivre le droit chemin; car le père assure la moralité de ses enfants par l'exemple qu'il est virtuellement contraint de joindre au précepte. Comme l'oiseau enseigne à ses petits à sortir de leur nid et à trouver leur nourriture, le père doit initier ses fils aux écueils de la vie et aux devoirs qu'ils auront à remplir envers leurs semblables et leur pays; il doit leur inspirer de bonne heure le respect de l'autorité et de la loi, ainsi que le goût de l'étude et l'amour du travail, source unique du bien-être et de l'indépendance; enfin il doit les habituer à l'initiative raisonnée et à ne jamais compter que sur eux-mêmes. C'est ainsi qu'il en fait des hommes libres, honnêtes et laborieux, et qu'il donne à son pays de bons et utiles citoyens.

A cette éducation virile, la mère apporte son contingent, la douceur et la tendresse qui persuadent et la grâce qui charme. Elle apprend à ses garçons à respecter la femme dont il est le protecteur né. Elle donne à ses filles des habitudes d'ordre et d'administration intérieure, source du bien-être domestique, elle leur inspire le respect d'elles-mêmes, non pas par cette timidité farouche qui éloigne, mais par cette pudeur, cette modestie, cette force morale qui s'appelle la vertu et qui, n'excluant ni la gaîté de l'esprit, ni l'expension du cœur, font de la femme dont le contact honnête nous rend bons et polis, le lien charmant et la moralité de la Société.

Depuis longtemps on parle sans cesse chez nous de la *Liberté*, et l'on a beaucoup écrit sur ce thème, mais toujours d'une manière abstraite. Cependant la *Liberté* proclamée par l'Assemblée Constituante ne s'applique pas seulement à la politique, mais à tout ce qui intéresse nos besoins. Pourquoi donc alors placer constamment la *Liberté* sur le même terrain, ne la considérer que comme l'expression du droit, et ne pas nous faire connaître les devoirs qu'elle nous impose, non seulement comme citoyen, mais aussi comme membre de cette grande famille qui est la Société, de manière à nous en rendre dignes aux yeux du monde entier dont les regards sont sans cesse tournés vers la France?

La *Liberté* comporte si bien le devoir, que l'Assemblée Constituante, en publiant sa Déclaration, a rendu le devoir obligatoire pour tous les citoyens indistinctement, alors que le droit était dévolu à la noblesse et que le devoir incombait aux vilains.

Par la raison que, indépendamment du droit, la *Liberté* comporte le devoir, elle ne nous donne pas le droit de dire et de tout faire, pas plus en politique qu'en toute chose. Aussi est-ce parce que dès l'origine la *Liberté* a été considérée comme étant l'expression absolue du droit, et que l'on semble s'être toujours gardé d'en enseigner la sage pratique, que cette *Liberté* est, par ce seul fait, devenue un instrument précieux aux agitateurs pour servir leur ambition et soulever le peuple. Tandis que si, au lieu de fausser sans cesse l'esprit des masses et de s'attacher à détruire en elles toutes croyances, sous le prétexte de les éclairer, au lieu de leur représenter comme leur antagoniste et leur oppresseur une certaine partie de la Société, au lieu d'exciter leur convoitise par des théories aussi irréalisables que mensongères et subversives, ces soi-disant philanthropes s'étaient attachés à moraliser le peuple, à lui enseigner ses devoirs de fils, d'époux, de père et de citoyen, l'esprit révolutionnaire ne troublerait pas sans cesse notre Société, et la République, en place d'être un Gouvernement de compétiteurs plus ambitieux du pouvoir qu'habiles à diriger les affaires du pays, aurait chez nous des chances de durée que l'état actuel des esprits est loin de garantir.

Que résulte-il de cette confusion d'idées qui harcellent et troublent sans cesse l'esprit des masses? que, au lieu d'un peuple instruit et véritablement éclairé sur ses devoirs et sur ses droits, on le rencontre presque partout, dans les campagnes aussi bien que dans les villes, désordonné, croyant à tout et ne croyant à rien, adonné au plaisir, se permettant tout et ne respectant rien, pas plus qu'il ne se respecte lui-même ; que, au lieu d'une jeunesse aimant le travail et fortement préparée à supporter le poids de la vie, on la trouve presque généralement outrecuidente, s'étiolant dans le *far niente*, vieille et blasée avant, pour ainsi dire, d'être au monde.

Et tout cela au nom de la *Liberté* !

Une autre cause de cette désorganisation morale, et que l'on pourrait peut-être considérer comme étant la première, c'est l'absence de l'éducation emportée de la famille par le souffle empesté des révolutions. En effet, quelles sont, en général, les allures de la Société ? Dans un certain monde, des pères s'occupant exclusivement de leurs affaires commerciales ou industrielles, d'autres jouant à la Bourse et dont les fils parient aux courses de chevaux ; des mères qui font des visites avec leurs filles, et développent leur goût de coquetterie en courant les magasins de nouveautés. Si les enfants, que ces mères n'ont certainement pas nourri de leur lait, ne sont pas d'âge à avoir leur libre arbitre, les uns sont au collége où leur mère va, en grande toilette, les voir tous les huit jours, et les autres, plus jeunes, sont confiés à des servantes qui vont dans nos jardins et nos squares les promener à la rencontre d'un soi-disant frère ou cousin, gendarme ou troupier quelconque, et font suivre ainsi à ces petits êtres leur premier-cours de morale pratique. Le soir, les maris vont au cercle, les femmes au théâtre où l'on promet de se rejoindre si les premiers ne passent pas une partie de la nuit à jouer, ou bien celles-ci reçoivent chez elles. Dieu sait les conséquences qui résultent souvent de semblables habitudes. Dans les classes dites laborieuses, la vie pour être différente n'est pas meilleure. En sortant de l'atelier où il ne fait guère plus de quatre journées complètes par semaine, l'ouvrier va au cabaret ou dans ces établissements qui s'intitulent brasseries, pour boire, jouer et fumer sous le prétexte de se distraire et de se reposer ; il y reste souvent jusqu'à une heure avancée de la nuit, les jours de paye surtout, se grise, dépense en libations la plus grande partie de son gain, épuise ses forces, ruine sa santé et s'abrutit. S'il est marié, il compte sur l'assistance administrative, qu'il vient réclamer comme un droit, pour donner à sa famille le pain et les vêtements qu'il lui doit. Sa femme que, dans son mécontentement de lui-même, il accable souvent de mauvaises paroles ou de mauvais traitements, épuisée par les privations qu'elle s'impose pour nourrir tant bien que mal ses enfants, est souvent ainsi qu'eux abandonnée par celui qui doit être leur protecteur et leur soutien. Dans cet état de désordre et de délaissement, les enfants grandissent sans surveillance et sans direction ; la plupart contractent dès leur plus jeune âge l'habitude du désœuvrement et du vagabondage, puisent sur la voie publique les plus mauvais instincts, et deviennent, les garçons des habitués de la Police Correctionnelle et de la Roquette, les filles des dévergondées.

Toutefois, loin de moi cette pensée de croire qu'il n'y a pas au milieu de cette population des deux genres d'heureuses et nombreuses exceptions ; mais l'on est malheureusement obligé de reconnaître que, dans les grands centres surtout, un très-grand nombre de pères de famille et de jeunes ouvriers se conduisent de la sorte. Quant à ceux qui, dans leur jeunesse ont échappé aux dangers de la rue, ils sont, faute de cette éducation dont j'ai parlé plus haut, au nom de la *Liberté*, soumis par les parleurs et les écrivassiers, à toute espèce de suggestions que l'insanité de leur jugement leur fait accepter mieux que paroles d'Evangile. Dans les campagnes et dans les petites localités, pour imiter la capitale (et quand l'on copie, le copiste inhabile, imite plutôt les défauts que les qualités du maître), les choses se passent à peu près de même. Pendant que les hommes vont aux cabarets qui sont ouverts jusqu'à dix heures du soir, les femmes restent chez elles et raccommodent le linge. Les filles et les garçons, aussitôt la première communion faite, vont le dimanche à la danse, soit dans le village, soit au pays voisin s'il y a fête, et ne rentrent à la maison qu'à 11 heures, minuit, et beaucoup plus tard même, suivant l'importance et l'éloignement de la fête. On connaît les déplorables résultats d'un pareil usage.

En Angleterre, pays où le peuple sait jouir de la *Liberté*, parce qu'il a le sentiment de sa dignité personnelle, le respect de la loi et des institutions, il n'est pas rare de voir des jeunes gens de 14 ans voyager seuls à l'étranger, jouir de cette *Liberté*, qui, à juste titre, effraierait nos mères françaises, et rentrer au foyer paternel, après quelques mois d'absence, munis de leur journal de voyage qu'ils doivent apporter à leur père, plus instruits et plus faits, sans avoir rien perdu du respect d'eux-mêmes ni de leur moralité. A quoi cela tient-il, si ce n'est à l'éducation qui existe réellement dans les familles anglaises, dont tous les membres se réunissent le soir *at home* où nul étranger au giron domestique n'est admis s'il n'a été *présenté*? Tandis que, en France, une fois les affaires de la journée terminées, chez les gens riches comme chez l'ouvrier, chacun se disperse, entraîné par le goût des plaisirs et des jouissances matérielles qui semblent être pour le plus grand nombre le pivot de l'existence, et l'on ne choisit pas assez ses relations intimes.

Chez nous, l'on dit assez généralement d'un jeune homme et d'une jeune fille qu'ils ont reçu une bonne éducation, parceque celle-ci a obtenu un diplôme à la suite d'examens passés à l'Hôtel-de-Ville ou devant le Recteur, et que celui-là, souvent à l'aide de livres préparés en vue de faciliter les examens aux élèves médiocres, a plus ou moins bien triomphé des prétendues difficultés du baccalauréat. A quoi conduit cette soit-disant éducation? A faire des filles auxquelles ce diplôme ne sert à rien les trois quarts du temps, et des garçons qui ne poussent pas au-delà leurs études, des prétentieux et des bavards. Ils entrent ainsi dans la société, les uns et les autres sans que leur esprit et leur cœur aient jamais été façonnés aux devoirs qu'ils auront à y remplir, et plus tard ils sont moralement incapables de mieux élever leurs enfants qu'ils ne l'ont été eux-mêmes.

J'aime, par un sentiment de fraternité, partagé d'ailleurs par bien d'autres, à causer avec ceux en contact desquels je me trouve, soit sur l'impériale d'un omnibus, soit ailleurs, surtout quand ce sont des travailleurs. La vie étant un enseignement mutuel, l'on augmente ainsi réciproquement la dose de ses connaissances, et un bon grain semé au hasard, même dans un champ mal cultivé, peut germer et, s'il ne se développe pas complètement, il peut néanmoins servir de comparaison avec l'ivraie, et voir plus tard, sa graine recherchée par le possesseur du champ.

De ces conversations de hasard, il est résulté pour moi ceci que, d'une part, j'ai appris de gens ayant peu de connaissances des choses que j'ignorais, et, de l'autre, que, pris individuellement, le peuple n'est pas aussi mauvais que l'on pourrait le supposer. Ainsi tel ouvrier qui, devant ses camarades, manifeste des idées subversives, est bien souvent tombé d'accord avec moi sur l'inanité des théories soutenues à l'atelier ou développées dans les réunions publiques par des fous et des orgueilleux. Malheureusement, faute de cette éducation pratique et de famille, que je ne cesserai de préconiser comme la source de la vraie *Liberté* et de l'indépendance, rentré dans son milieu, l'ouvrier cesse d'être lui-même pour redevenir un instrument.

Néanmoins tout n'est pas perdu, j'espère, parce qu'une poignée d'hommes plus ou moins sincères veulent renverser l'ordre social. Mais, si nous n'y prenons pas garde, nous serons bientôt effacés par les autres nations. En France, nous ressemblons à un voyageur qui, marchant à grands pas sur un terrain glissant, ferait un pas en avant et reculerait de deux.

Je demande pardon au lecteur de revenir sans cesse sur la même idée, mais je ne saurais trop insister sur ceci que, sans l'éducation par la famille, sans l'enseignement du devoir, il n'y a point de *Liberté* sage possible, et que sans cette même éducation, si l'instruction n'est pas un danger elle est tout au moins illusoire. Dans ce cas, je la compare à ce que seraient d'excellents instruments de navigation pour un capitaine de navire, dépourvu des connaissances nécessaires pour s'en servir utilement.

Loin de moi cependant cette pensée de dire ou de laisser croire que je dédaigne l'instruction et que je voudrais la voir rétrograder. Tout au contraire. je la trouve indispensable, et je rendrai toujours hommage au gouvernement qui saura la répandre avec discernement dans tous les rangs de la Société abstraction faite de toute idée politique. Mais aussi, pour qu'elle lui soit réellement profitable il est indispensable que, dans tous les établissements d'instruction publique quelconque, le gouvernement s'occupe de l'éducation de la jeunesse qui lui est confiée, au moyen de cours spéciaux ou de conférences faits par des professeurs choisis, afin que nos enfants, pendant leur éloignement de la famille, reçoivent cet enseignement de morale pratique, sans laquelle notre société ne peut que péricliter. Le Clergé, de son côté, fait sans doute à cet égard les plus louables efforts pour empêcher la contagion de trop s'étendre, et ramener les brebis égarées. Mais ne pourrait-il pas faire plus encore, en mêlant davantage la morale du Christ à ses sermons pleins d'érudition d'ailleurs, et, par des conférences attrayantes et accessibles à toutes les intelligences, attirer en les instruisant les masses qui, ne le comprenant pas toujours, s'éloignent de lui et dédaignent son enseignement. Jésus-Christ a dit : *Laissez venir à moi les petits enfants*. Puis-je me permettre d'expliquer ainsi cette espèce de parabole : *Attirez à moi les faibles et les aveugles, ceux qui croient un peu et ceux qui ne croient pas du tout*.

Tout en reconnaissant que depuis vingt ans l'enseignement public a subi d'heureuses et importantes modifications, l'on ne peut se dissimuler qu'il reste encore beaucoup à faire pour la rendre plus profitable. Ainsi je trouve que nos Ministres de l'Instruction Publique, à l'exception d'un seul qui n'est pas resté assez longtemps aux affaires pour faire davantage, ont toujours trop pensé aux Lettres et aux Sciences proprement dites, et qu'ils n'ont pas assez fait pour la masse de la jeunesse à laquelle cet enseignement n'est pas d'une absolue nécessité. Je voudrais donc voir créer dans toute la France, et suivant les besoins locaux de la population, des écoles industrielles, manufacturières, commerciales et agricoles. Je voudrais que des professeurs véritablement distingués, et suffisamment rétribués pour qu'ils n'aient pas à envier le séjour de la Capitale, fussent attachés à ces écoles. Ainsi réparties, elles auraient le double avantage d'offrir à chaque nature de population une instruction en rapport avec ses intérêts, et d'atténuer cette espèce de migration de la jeunesse vers les grands centres où, loin de tout contrôle et de tous conseils à un âge où elle en a le plus besoin, elle va chercher une instruction qui ne lui garantit certainement pas pour l'avenir tout ce qu'elle en espère. Sur le grand nombre d'étudiants qui viennent chaque année de la province suivre à Paris les cours de Droit et de Médecine, combien ne retournent pas à leurs pénates, et grossissent dans la Capitale le nombre de ces soit-disant intelligences incomprises, fléau de la Société à laquelle ils n'apportent que le trouble ; combien aussi qui ne travaillant pas affaiblissent leur santé dans l'estaminet et par la promiscuité, et retournent dans leur famille incapables d'embrasser une carrière quelconque, tandis que s'ils étaient restés dans le milieu qui les a vu naître, leur instruction se fût développée au profit de leurs intérêts et du pays.

L'institution en province de ces écoles spéciales me semble donc à tous les points de vue être d'une urgente nécessité, pour donner à toutes les intelligences et à toutes les aptitudes un aliment qui leur soit propre. N'aurons-nous pas toujours assez d'avocats et de médecins ? Combien n'y en a-t-il pas à Paris qui sont dans la gène, dans la misère même et qui, s'ils étaient restés chez eux jouiraient d'une large aisance.

Par ces raisons et tant d'autres, que le cadre de cet opuscule déjà trop étendu ne me permet pas de développer ici, l'instruction trop restreinte, selon moi, à l'étude des auteurs grecs et latins, me semble plus nuisible que véritablement utile à la Société, en ce sens qu'elle n'est que préparatoire à d'autres études, et qu'à elle seule elle ne trace pas de carrière. Je voudrais aussi voir créer un plus grand nombre d'écoles normales primaires, dont la direction fût confiée à des hommes véritablement instruits et bien élevés, capables, au double point de vue de l'éducation et de l'instruction, de former les instituteurs communaux chargés d'élever la jeunesse de nos campagnes. Je voudrais, que, par un traitement suffisamment rémunérateur même au début, l'indépendance de l'instituteur communal vis-à-vis des familles fût assurée, au lieu de le voir leur tributaire, comme cela arrive dans la plupart des communes où bois, fruits, légumes, viande et boissons leur sont souvent apportés. Ce fâcheux état de choses a le double inconvénient d'amoindrir la considération de l'instituteur, que l'on traite dans les villages comme un mercenaire plutôt que comme un fonctionnaire revêtu d'une espèce de sacerdoce. Cette considération dont je voudrais voir partout nos instituteurs communaux entourés, en les relevant à leurs propres yeux, aurait sur l'esprit des enfants et des familles cette influence morale qui leur fait défaut et qui pourtant est si nécessaire.

Par l'institution des écoles spéciales, l'on détruirait j'espère cette manie des fonctions et des emplois publics qui, en France, est un mal endémique et que trop de gens considèrent comme le *nec plus ultra* de l'avenir de leurs enfants. Combien de familles plus ou moins aisées qui envient pour leurs fils qui une Sous-Préfecture, qui le Conseil d'Etat, qui un emploi public quelconque. Cet entraînement déplorable nous donne-t-il une administration plus capable et plus vigilante, et la jeunesse ainsi casée est-elle bien utile au pays ? je ne le crois pas. Il a au moins ce grave inconvénient de paralyser l'initiative de la jeunesse, de la rendre dédaigneuse des professions industrielles et agricoles, bien autrement propres que les emplois publics et administratifs à développer ses facultés et à lui donner sa véritable indépendance.

D'un autre côté, n'est-il pas déplorable de voir entre les mains du peuple ces publications de tous genres qu'il rencontre à chaque pas, et qui corrompent son esprit, au lieu de développer son goût et ses bons instincts. Et ces cafés-concerts où il s'abrutit en fumant et en prenant toutes sortes de boissons délétères, en compagnie de femmes d'une moralité plus que douteuse ; et ces chanteuses de bas étage que l'on y entend, qui sont en général la négation de l'art et du talent, qu'une foule de gens vont voir parceque leurs amis les ont vues, et que des gens d'un monde élevé, que je ne veux pas autrement désigner, n'hésitent pas à faire venir dans leurs salons pour entendre ces monstruosités débiter leurs chansons, et quelles chansons ! sans se commettre au contact de la foule.

Tout cela n'est-il pas une honte !

N'est-il pas moins honteux pour notre pays, qui se vante d'être le plus littéraire et le plus artiste du monde, de voir nos théâtres représenter pendant des années entières des pièces qui, pour la plupart, ne sont que des pantalonnades, et d'autres aussi immorales que stupides, telles que la Belle-Hélène, la Biche-aux-Bois, la Chatte-Blanche, etc., etc., qui ne sont que des exhibitions de femmes, des espèces de marchés à esclaves, où celles-ci paraissent plus ou moins bien faites grâce au maillot garni dit *Antinoüs !* Le goût et l'esprit français sont donc bien descendus, notre sens moral est donc bien affaibli pour que de pareilles pièces attirent la foule, et que des gens qui ne craignent pas d'y conduire leurs enfants, filles et garçons, payent 5, 10, 15 et même 20 francs pour voir de semblables turpitudes. Il est même des parents, assez insensés, pour promettre à leurs enfants ces abominables représentations, s'ils obtiennent des succès au collège !

Et toutes ces infamies se commettent au nom de la *Liberté ! Liberté* d'action, *Liberté* des théâtres, *Liberté* de la presse, *Liberté* de la parole.

Mais quand une poignée de fous, d'insensés, plus dangereux pour la Société que des héros de grands chemins, entraîne ainsi au suicide moral tout une nation, un gouvernement, sous peine de passer pour complice par sa tolérance coupable, ne doit-il pas, au nom de la *Liberté* ainsi profanée, arrêter ce massacre de l'esprit humain !

Il y a des gouvernements qui, pour avoir la paix chez eux, excitent la guerre chez leur voisin, d'autres qui, pour détourner le peuple de toute immixion dans les affaires du pays, prétendent qu'il faut qu'il s'amuse. En France, depuis vingt ans, on nous avilit par des lectures et des plaisirs licencieux, le gouvernement s'étant plus occupé de s'affermir par le prestige que de l'avenir de la Société.

Réveillons-nous donc une bonne fois, sortons de cette torpeur et de cette inertie. Rejetons bien loin de nous ce luxe exagéré, ces dépenses folles et ces jouissances purement matérielles. Que ces spectacles aussi pernicieux que stupides, que ces cafés-concerts, que ces tabagies se ferment par notre absence; que Paris ne soit plus cette ville où des provinciaux et des étrangers sont attirés bien plus par la débauche et la prostitution que l'on y rencontre à chaque pas, que par leurs propres affaires. Multiplions au profit de tous et du peuple surtout, et jusque dans les villages même, les bibliothèques et les lectures du soir. Retrempons, par une saine et mâle éducation donnée à nos enfants et par le bon exemple que nous devons à tous, notre société qui tombe en pourriture au nom de la *Liberté*. Et si quelquefois, et avec raison, l'on compare les hommes aux moutons de Panurge, dont un seul sufît pour entraîner le troupeau, que tous les cœurs honnêtes, que tous les gens de bon sens, à quelque condition qu'ils appartiennent, s'engagent résolument dans le droit chemin et, comme un tireur à la cible, regardent sans cesse le but, ils seront suivis par les timides et les indécis, et, avec raison cette fois et sans emphase, l'on pourra dire que ces vrais philanthropes, ces vrais citoyens ont bien mérité de la patrie.

Pour cela il faut être bien pénétré de cette vérité, que le devoir prime le droit qui ne peut lui être substitué sans perdre la *Liberté*.

Ainsi, par exemple, l'on n'a pas le droit de se montrer ivre en public, pas plus que de s'y montrer nu.

L'on n'a pas le droit, même en prenant un masque quelconque, de répandre des écrits subversifs, de chercher à détruire le principe et les devoirs sacrés de la famille, d'attenter d'une manière quelconque au respect de la religion et de l'autorité par le ridicule et la moquerie, pas plus que l'on a le droit d'incendier la maison de son voisin ni de voler le bien d'autrui. Or, lorsque l'on jette ces appâts pernicieux au devant du peuple, on ruine son esprit et on lui vole sa moralité.

L'on n'a pas davantage, dans un compartiment de chemin de fer, le droit de tenir un langage blessant pour les oreilles les moins chastes, souvent même ordurier, comme cela arrive journellement. Impuissants à réprimer de tels abus de la *Liberté*, la femme honnête qu'accompagne sa fille, et l'homme bien élevé sont obligés de subir ces abominations, parce que la majeure partie des personnes présentes, par une inertie coupable, ne s'uniront pas à eux pour faire taire l'insulteur, ou bien parce que si les premiers s'adressent personnellement au chef du train, celui-ci, vingt fois requis pour le même fait, fermera l'oreille à leur juste réclamation. Si même une observation est faite par une personne tierce à l'insulteur, celui-ci répondra : Qu'es-ce que cela vous regarde, j'ai payé ma place tout comme vous, j'ai la *Liberté* de dire ce que je veux. Et dans la rue, n'entend-on pas des mots orduriers sortir à chaque instant de la bouche du peuple, indice du peu de respect qu'il a de lui-même et des autres?

Et tout cela, encore une fois, s'accomplit au nom de la *Liberté*.

Or, comme la loi est souvent impuissante à arrêter ce courant dévastateur, n'est-ce pas à ces cœurs honnêtes, auxquels je faisais appel tout à l'heure, à forcer ce fleuve débordé à rentrer dans son lit?

Que tous les citoyens, que tous les vrais patriotes, que la femme honnête se pénètrent donc de cette vérité que la *Liberté* consiste à ne faire que ce que la loi permet; que loin d'effacer le devoir elle ne peut exister sans lui; que le devoir implique l'emploi de notre intelligence au bien-être matériel et moral de nos semblables, et que l'abus de la *Liberté* engendre le désordre des idées et des passions et conduit infailliblement à la décadence et à la dissolution de la Société.

Les hommes font les lois et les femmes font les mœurs, a dit un écrivain.

Cette maxime est une vérité; mais en ce qui concerne l'homme elle me semble au moins restrictive. En effet, en créant l'homme à son image, et en lui donnant cette puissance intellectuelle qui lui permet d'être le législateur des Sociétés, Dieu en a fait par cela même le moralisateur devant joindre l'exemple au précepte. A l'homme donc la responsabilité de toutes choses dans la Société. Ainsi, par exemple, quand par l'appât de son or, par ses promesses fallacieuses, l'homme entraîne à sa perte la femme dont il est le protecteur né, ne commet-il pas à l'égard de celle-ci, par cet excès de la *Liberté*, le plus lâche des attentats, puisqu'il abuse de l'ascendant qu'a tout être fort sur le plus faible; ne contrevient-il pas au devoir sacré de la protection, et n'en doit-il pas compte à la Société à laquelle il porte ainsi la plus grave atteinte?

Montesquieu a dit: *L'homme fait son état, la femme le reçoit.* C'est aussi un témoignage de cette protection que l'homme doit à la femme. Et pourtant, que fait-il le plus généralement quand il se marie? Il ne s'inquiète pas si la femme à laquelle il veut s'unir a les qualités si nécessaires à l'épouse et à la mère; il ne s'occupe pas davantage de savoir s'il l'aimera ou s'il en sera aimé, non! Car ce n'est pas une compagne qu'il cherche, c'est une dot. Il va même jusqu'à supputer l'âge des beaux-parents, entendant que le mariage fasse non seulement sa position présente, mais aussi qu'il assure promptement son avenir. La *Liberté* n'est-elle pas là pour lui donner en dehors du mariage les plaisirs et les jouissances qu'il n'y trouverait pas! Bien souvent même c'est après avoir perdu son patrimoine dans la débauche et les orgies que, ruiné au physique et au moral, il se résigne au mariage pour se mettre à l'abri de la misère et faire une fin. Est-ce moral, et l'homme n'insulte-t-il pas encore une fois au plus sacré de ses devoirs en intervertissant ainsi les rôles?

Dans la classe ouvrière, je me plais à le reconnaître et je dois le dire, les choses ne se passent pas ainsi, l'homme épouse la femme qui lui plaît, et ne se préoccupe pas des conséquences du mariage. Mais il est vrai de dire aussi que, au nom de la *Liberté*, l'on se quitte aussi facilement que l'on se prend, manquant sans plus de souci aux devoirs auxquels l'on s'est mutuellement engagé au nom de la loi et devant Dieu. J'aurais bien d'autres exemples à citer de l'abus que l'homme fait de la *Liberté*, mais je me borne aux faits que j'ai signalés dans le cours de cette dissertation, et qui sont autant de coups destructeurs portés à la constitution de la Société.

Sans considérer la responsabilité de la femme comme dégagée par celle de l'homme dans de si graves questions, l'influence que sa puissance attractive exerce sur les mœurs et l'esprit de l'homme est au contraire très-considérable et, pour conserver sa force moralisatrice, la femme doit éloigner d'elle tout ce qui peut nuire à son estime et à sa considération. Or combien n'est-on pas affligé de voir la femme honnête revêtir des toilettes qui la confondent avec celles qui ne le sont pas. Au nom du prestige de la femme et de tout ce qu'inspire sa pudeur native, l'on voudrait qu'il fût possible d'arracher à ces mères irréfléchies et à leurs filles, qu'elles ne craignent pas d'affubler comme elles, ces costumes aussi disgracieux que compromettants, comme il y a quatre siècles le Prévot de Paris fit arracher aux femmes folles la ceinture dorée dont elles se serraient la taille à l'instar des dames de qualité. L'habit ne fait pas le moine assurément, mais dans ce cas il jette sur la femme qui le porte un verni tel que l'on aurait besoin de la connaître pour savoir si cette enveloppe renferme une perle ou un caillou.

De cette puissance attractive de la femme honnête, à quelque condition sociale qu'elle appartienne, il résulte que, dans la famille comme dans la société, en ne tolérant aucun écart de langage, de tenue ni de conduite, elle commande le respect de tous, et devient tacitement pour l'homme un puissant protecteur contre l'immoralité.

Aussi la femme, ce complément de l'homme, cet être qui tient de la divinité envoyé sur la terre pour diminuer, en les partageant, nos peines et nos misères, dont l'esprit nous entraîne et nous convainc, doit-elle ne pas abdiquer son rôle, et joindre ses efforts aux nôtres pour régénérer la Société. C'est une mission d'autant plus difficile qu'il y a beaucoup à faire, mais qui n'est pas au-dessus de sa puissance persuasive et dont la palme est aux Cieux. Et lorsque la femme aura accompli avec succès ce devoir impérieux et sacré nous pourrons crier avec joie : *Vive la Liberté !*

Egalité

La proclamation de l'*Egalité* a eu pour principe de donner à chacun les mêmes droits dans la famille et dans la société, de détruire le privilège du rang et de la naissance qui pesait si injustement sur la plus grande partie de la population, enfin de rendre tous les Français égaux devant la loi.

En même temps que l'*Egalité* ainsi proclamée constituait la France à l'état de nation, elle décuplait ses forces ; en rendant à chacun son individualité, elle permettait à l'homme de développer son intelligence au profit de ses propres intérêts et, par suite, aux intérêts de la nation. L'*Egalité* a donc rendu à l'homme sa dignité et excité son émulation; elle a grandi sa force d'action et de résistance, et fortifié le sentiment patriotique. Alors chaque citoyen travaillant exclusivement pour lui et les siens a pu devenir possesseur d'un champ, et peut dire aujourd'hui, avec moins d'orgueil mais plus de raison que Louis XIV, l'*Etat c'est moi*. Aussi quand le pays est ravagé par l'Etranger, le Français se soulève et le défend avec courage et énergie, car il défend sa propriété, la source de son existence.

Tout en ayant une certaine corrélation avec la Liberté, l'*Egalité* n'avait pas eu jusqu'à présent la puissance révolutionnaire de sa sœur aînée, parceque son domaine exclusif est la justice et l'équité, et l'on ne peut pas y toucher sans détruire ces deux principes, tandis que la Liberté ouvrant à l'imagination un champ vaste et pour ainsi dire sans limites elle a besoin d'être contenue. Il résulte de cette différence marquée entre ces deux sœurs que l'*Egalité* est essentiellement moralisatrice et conservatrice, tandis que la Liberté est un élément subversif au premier dégré, si le bon sens de chacun et la loi ne viennent pas y mettre un frein. C'est ce qui fait qu'un peuple peut être parfaitement heureux avec l'*Egalité* sans la Liberté, et périr avec la Liberté sans limites

Mais si l'*Egalité* n'a pas eu dès l'origine la puissance révolutionnaire, les agitateurs, las sans doute de demander à la Liberté plus qu'elle ne peut faire, se sont depuis quelque temps adressés à l'*Egalité*, pour qu'elle les aidât à bouleverser la Société. Ainsi les uns demandent l'*Egalité* du salaire, d'autres veulent le partage du capital et de la propriété, contestant à celui qui les possède le droit non seulement de les garder intégralement, mais d'en disposer et de les transmettre par voie de succession. Ceci n'a rien d'étonnant, puisque ces hommes qui se posent comme des philanthropes nient tout jusqu'à Dieu, et ne reconnaissent d'autre puissance qu'eux-mêmes; il est donc tout naturel que ces amis de l'humanité contestent tout ce qui n'émane pas d'eux, et qu'ils regardent comme une espèce d'usurpateur le possesseur d'un bien quelconque légitimement acquis au prix de son travail et de son intelligence. Quand on voit de pareilles absurdités se produire, l'on se prend à regretter qu'il ne soit pas possible, au point de vue de l'intérêt de tous, de faire enfermer ces énergumènes dans une maison d'aliénés pour les soigner et les guérir; l'on serait certainement moins coupable que ce Prince qui fit enfermer et mourir à Bicêtre un homme qui l'importunait de son idée d'utiliser la vapeur.

Qu'il y ait des fous capables de développer de semblables théories, cela n'a rien d'étonnant, l'espèce humaine est sujette à tant d'infirmités! Mais ce qui surprend le plus c'est qu'il y ait des gens pour les écouter et les suivre dans cette voie aussi déshonnête que mensongère. Qu'est-ce que cela prouve, si ce n'est la démoralisation des masses par l'appât de l'or et des plaisirs. Il est vrai de dire aussi que ceux qui constituent le plus grand nombre des adhérents à ces théories sont des gens qui n'ayant jamais voulu rien acquérir voudraient bien tout prendre; mais parmi cette foule il s'en trouve aussi beaucoup qui ont, qui voudraient bien partager avec ceux qui possèdent plus, mais non point avec ceux qui ne possèdent rien. Triste application de l'*Egalité!*

Un fait qui prouve encore que l'*Egalité* dans l'organisation sociale ne peut pas aller au delà de la pensée de l'Assemblée Constituante, c'est que, dans la nature, depuis le grain de sable le plus fin jusqu'à l'homme, tout ne subsiste que par l'*Inégalité*. Ainsi dans les diverses espèces de plantes et d'animaux il n'y en a pas qui soient identiquement semblables. Trouvez donc deux brins de la même herbe qui n'aient pas entr'eux une dissemblance quelconque, deux cailloux qui aient la même forme et la même grosseur, deux roses, deux œillets qui se ressemblent absolument, par la forme et le nombre de leurs pétales? et dans les arbres d'une même essence quelle variété!

Chez l'homme où cette inégalité native est plus palpable encore, s'en trouve-t-il un seul qui ait physiquement l'identité de la matière sortant d'un même moule? deux jumeaux même n'ont que l'apparence de cette identité. Par cette raison que l'espèce humaine présente cette *Inégalité* physique, elle a aussi des *Inégalités* de force morale et musculaire, des *Inégalités* d'esprit et d'intelligence; de même qu'il y a des gens d'esprit et des sots, de même il y a des savants et des ignorants. Jésus-Christ n'a-t-il pas dit: *Il y a des pauvres parmi vous, et il y en aura toujours*, et cette parole n'est-elle pas la proclamation de l'*Inégalité* parmi les hommes?

L'*Inégalité* est donc une loi naturelle à laquelle l'homme ne peut se soustraire, qui fait la force et la richesse des sociétés, comme elle produit la variété et la beauté de la nature, et de laquelle nait virtuellement l'*Inégalité* des salaires et des fortunes acquises.

L'intelligence de l'homme est multiple sans doute, mais elle n'existe pas chez chacun au même dégré d'aptitude. De là cette médiocrité native que chacun de nous porte en soi, et que, dans notre intérêt, nous ne consultons pas toujours suffisamment pour le choix d'un état, d'une carrière. Nous suivons bien davantage l'idée qui nous plait, ou bien, par un esprit d'orgueil ou d'ambition déraisonnable, nous nous lançons dans une voie qui n'est pas la nôtre, sans bien réfléchir si l'aptitude ne nous fera pas défaut.

De là aussi des mécomptes, des insuccès et quelquefois la misère. Or le grand point pour éviter cette calamité, c'est d'apprendre à nous connaître (et c'est ce qu'il y a de plus difficile), de savoir choisir notre état, en suite et surtout de travailler courageusement.

Ne cherchons donc pas à faire plus que nos forces, à nous élever si nous ne voulons pas être abaissés. Notre moraliste Lafontaine n'a-t-il pas dit: *Soyez piutôt maçon si c'est votre talent.*

Pour mettre en évidence la raison d'être de l'*Inégalité* native entre les hommes, que l'on me permette entre autres exemples celui-ci :

Lorsque l'on a construit notre Panthéon, ce monument tout de pierre, dans la construction duquel il n'entre ni fer, ni bois, si tous les hommes avaient été capables d'être des Soufflot, celui-ci aurait-il trouvé des carriers pour extraire de la terre la pierre qui y était enfouie, des ouvriers pour la tailler et des manœuvres pour l'élever au faîte de ce chef-d'œuvre d'architecture? Assurément non. Chacun aurait voulu ériger le Panthéon ou, pour mieux dire, personne ne l'eût fait.

Par cette raison que l'intelligence humaine est inégale, le salaire du travailleur, de quelqu'ordre qu'il soit, doit aussi être inégal. Or vouloir qu'il soit le même est une utopie que caressent avec convoitise les paresseux et les incapables, mais qui ne peut exister ; l'établirait-on que l'on détruirait ainsi l'émulation si nécessaire au bien-être commun, tout tomberait dans la médiocrité, il n'y aurait plus ni inventions, ni perfectionnements, et les chefs-d'œuvre de l'art et de l'esprit ne se payant pas plus que les croûtes en peinture et les chansons de carrefour, il n'y aurait plus ni talent ni gloire.

L'*Egalité* mal comprise, produit chez une foule de gens le mécontentement, la gêne et souvent la misère et, par suite devient une des principales causes du trouble profond de la Société. Combien par respect humain, par orgueil, manquant des ressources nécessaires, veulent par la toilette, la recherche dans l'alimentation et l'apparence extérieure égaler ceux qui ont des moyens plus étendus, des ressources plus assurées. Combien de mères et d'enfants, vêtus avec recherche, et dont le ménage en désordre manque des objets les plus nécessaires au bien-être domestique; combien de familles qui, ne vivant que d'un travail quotidien ou mensuel, sacrifient à la sensualité de leur estomac et au plaisir la plus grande partie de leur gain, par ce faux esprit d'*Egalité*, au lieu de se créer des ressources en cas de suspension de travail, de maladie et pour la vieillesse, au moyen d'économies proportionnelles et constantes. Si les *riches*, comme disent ces gens dont je parle et qu'ils croient imiter, mangeaient et buvaient, comme ils le pensent, en raison de leur fortune, ces *riches* ne vivraient pas vingt ans. S'il s'en trouve parmi eux ayant un estomac complaisant qu'ils ne sachent pas régler, ces *riches* payent par des infirmités précoces et douloureuses un plaisir qui, comme toutes les jouissances matérielles, ne laissent que de fâcheuses traces, car ces jouissances ne peuvent se prolonger que par de nouveaux et croissants excès. Les jouissances de l'esprit, au contraire, coûtent peu, sont sans limites, et chacun de nous peut se les procurer. La lecture instructive, la musique, l'étude d'un art ou d'un état quelconque, pratiqués en dehors du travail obligatoire, sont autant de distractions moralisatrices qui, en reposant notre corps de ses fatigues, façonnent notre esprit, augmentent la dose de nos connaissances, amortissent nos mauvaises passions et nous rendent meilleurs.

Si par l'accroissement du numéraire et une circulation métallique plus grande depuis une trentaine d'années, le bien-être s'est étendu en France dans tous les rangs de la société, ce bien-être serait plus grand encore, si les masses et les gens dont je viens de parler voulaient mettre en pratique la morale de deux fables qu'on leur a apprises dans leur jeunesse: *La Cigale et la Fourmi, la Grenouille et le Bœuf.*

Mais je m'arrête, car je n'en finirais pas si je voulais citer tous les exemples propres à démontrer l'inanité des théories de tous les prétendus régénérateurs de la Société.

Ce que l'on peut affirmer, c'est que l'*Inégalité* est la raison constituante de la nature, dans quelque partie qu'on l'examine, comme elle est le principe d'existence et la force des Sociétés. Que la fortune, de quelque importance qu'elle soit, est généralement le résultat de l'intelligence, du travail et de l'esprit de conduite; qu'elle est une propriété imprescriptible, et que vouloir son égalité par la répartition n'est pas seulement une absurdité, mais le vol et la spoliation organisés sur une grande échelle, un crime enfin qui tuerait la Société.

Honte donc à ceux qui les préconisent, et malheur à ceux qui tenteraient de les accomplir !

Après cet exposé, que les crédules sachent que le bien-être matériel de chacun de nous ne peut être que relatif, qu'il dépend uniquement de notre aptitude, de notre travail, de notre esprit de conduite et de notre moralité, et que l'*Égalité* proclamée par l'Assemblée Constituante n'est que l'abrogation des priviléges.

Fraternité

Ce dernier mot de la devise qui nous occupe est, après le renversement des restes de la féodalité, un appel fait aux hommes de tous les partis, à la résignation des uns comme à la modération des autres. Malheureusement le trouble que la révolution de 1789 a jeté alors et depuis dans tous les esprits a empêché cette parole de conciliation d'être écoutée et mise en pratique. Mais pour cela la *Fraternité* n'est pas morte en France, et les paroles du Christ : *Il faut aimer son prochain comme soi-même* ont conservé toute leur puissance qui se manifeste tous les jours sous la forme de la Charité.

Etendre la *Fraternité* jusque dans le domaine de la politique serait désirable sans doute dans l'intérêt de notre cher pays; mais ce serait une utopie d'un autre genre. Tout ce que l'on peut demander c'est que les classes dites laborieuses, comprenant mieux leurs intérêts, profitent davantage qu'elles ne le font, des moyens d'étude mis gratuitement par les municipalités à leur disposition et à leur portée; que par l'étude elles développent leur esprit et éclairent leur intelligence, de manière à s'affranchir du servage des détracteurs, pour lesquels elles ne sont qu'un instrument; qu'elles reconnaissent tout ce que, dans un sentiment de *fraternité*, l'autre partie de la Société, dont elles s'éloignent volontairement par un langage d'un français plus que douteux, une tenue et des manières dépourvues d'urbanité, fait gratuitement pour leur instruction et leur bien-être, en créant des Cours et des Associations de toute espèce, auxquels s'ajoutent des dons et des legs qui se manifestent sans cesse.

Assurément, en agissant ainsi, ces amis de l'humanité ne font que mettre en pratique ces paroles : *Faites à autrui tout le bien que vous voudriez qui vous fût fait.* Il serait à désirer que tous les heureux de la terre se rangeassent à ces exemples et à la sagesse de ces mêmes paroles ; car la protection du faible par le fort, du pauvre par le riche, n'est pas seulement une faculté, mais un devoir qu'il faut accomplir; et, sans faire comme le guerrier Saint-Martin, l'on doit, dans la mesure de ses ressources, donner à ceux qui ne peuvent acquérir. S'il en est parmi ces heureux de la terre qui croient pouvoir oublier les déshérités, nous leur dirons qu'ils pèchent contre la morale et la loi de Dieu. Je sais par expérience que rien n'est plus difficile à faire que le bien ; il ne suffit pas de le faire, il faut le bien faire. Or, parce que l'on rencontre des difficultés, ce n'est pas une raison pour s'abstenir d'un devoir social et chrétien. Que les égoïstes se rappellent ces deux vers:

Il faut, autant qu'on peut, obliger tout le monde:

On a souvent besoin d'un plus petit que soi.

N'oublions donc pas nos semblables, mais aussi n'oublions pas notre pays.

Dans les temps de grands malheurs, notre cœur souffre cruellement des maux de la Patrie, le sentiment de *Fraternité* se réveille, et nous nous unissons pour la secourir. Mais, le calme rétabli, le Français redevient insouciant, croit qu'il n'a plus rien à faire et que le bonheur du pays dépend uniquement de son gouvernement, tandis que c'est à nous de le lui donner par notre sagesse, par la concorde et la *Fraternité*. L'union qui fait la force, ne naît-elle pas dans les familles de ces mêmes sentiments? et puisque la Patrie est une grande famille, sachons l'aimer, et pénétrons-nous de cette pensée que le devoir de chacun de nous est de concourir, dans la mesure de ses moyens, au bonheur de ses semblables, comme à la prospérité de la France.

Depuis plus de quatre mois nous nous sommes unis pour combattre l'étranger envahisseur; dans l'œuvre de régénération que nous avons à entreprendre, unissons-nous donc par la *Fraternité*.

Epilogue

Dans le cours de cet opuscule, j'ai appuyé mes réflexions de citations et d'exemples, afin de les fortifier.

J'aime extrêmement mon pays, et je suis profondément chagrin de le voir sans cesse tourmenté par les mauvaises passions. Je n'ai pas la prétention de convaincre tous les esprits égarés; mais si je puis par mes raisonnements en ramener quelques-uns, je m'estimerai bien heureux, et je rendrai grâce à Dieu de m'avoir inspiré la pensée de mettre au jour des idées que j'ai toujours eues.

J'aime ma Liberté autant que celle d'autrui; et je ne comprends pas qu'il n'en soit pas de même de la part de ceux qui se disant républicains, veulent imposer leurs principes, et mettent à la porte de leurs réunions publiques ceux qui tentent de les discuter. Quand je dis je ne comprends pas, je me trompe, c'est que ces patriotes, ces philanthropes d'une espèce particulière, ces républicains qui veulent la république à leur profit exclusif, sentent la faiblesse de leurs déplorables théories. Or, la *Liberté*, ne peut exister qu'en respectant celle des autres.

L'*Egalité*, rappelons-nous le bien, n'est que l'abrogation d'une organisation politique et sociale antérieure à 1789. On le méconnait trop de nos jours, et de là une des principales causes des agitations qui troublent sans cesse notre société.

Indépendamment des devoirs mutuels qu'elle impose à chacun de nous, la *Fraternité* est un correctif aux débordements de la Liberté et de l'Egalité; mais elle semble étouffée par l'envie, l'orgueil, l'ambition déraisonnable et la vanité. Je suis convaincu que si la majeure partie des citoyens, remplie d'ailleurs des meilleurs sentiments, voulait lui sacrifier davantage sous tous les rapports, nous arriverions certainement à éviter le cataclisme qui menace notre belle France.

Pour notre cher pays, pour notre bonheur commun, pratiquons donc sincèrement et dans son meilleur esprit la devise

LIBERTÉ. ÉGALITÉ. FRATERNITÉ.

HIPPOLYTE MÉZIÈRE

15 *Février* 1871.

Paris. — Typ. VERT frères, 5, rue François-Miron.

Paris. — Imp. VERT Frères, rue François Miron, 8.